17
- 【セヴン**ティー**ン】 seventeen
- 【ディ セット】 dix-sept
- 【ディエスィ**スィエ**テ】 diecisiete
- 【シー チー】 十七
- 【シプ チル】 십칠

18
- 【エイ**ティー**ン】 eighteen
- 【ディズ イット】 dix-huit
- 【ディエスィ**オ**チョ】 dieciocho
- 【シー バー】 十八
- 【シプ パル】 십팔

19
- 【ナイン**ティー**ン】 nineteen
- 【ディズ ヌフ】 dix-neuf
- 【ディエスィ**ヌエ**ベ】 diecinueve
- 【シー ジウ】 十九
- 【シプ ク】 십구

20
- 【トゥ**ウェン**ティ】 twenty
- 【ヴァン】 vingt
- 【**ベ**インテ】 veinte
- 【アー シー】 二十
- 【イ シッ】 이십

30
- 【**サー**ティ】 thirty
- 【トラント】 trente
- 【トゥ**レ**インタ】 treinta
- 【サン シー】 三十
- 【サム シッ】 삼십

40
- 【**フォー**ティ】 forty
- 【キャラント】 quarante
- 【クワ**レ**ンタ】 cuarenta
- 【スー シー】 四十
- 【サ シッ】 사십

50
- 【**フィ**フティ】 fifty
- 【サンカント】 cinquante
- 【スィン**クエ**ンタ】 cincuenta
- 【ウー シー】 五十
- 【オ シッ】 오십

60
- 【**シク**スティ】 sixty
- 【スワサント】 soixante
- 【セ**セ**ンタ】 sesenta
- 【リィゥ シー】 六十
- 【ユッ シッ】 육십

70
- 【**セ**ヴンティ】 seventy
- 【スワサント ディス】 soixante-dix
- 【セ**テ**ンタ】 setenta
- 【チー シー】 七十
- 【チル シッ】 칠십

80
- 【**エ**イティ】 eighty
- 【キャトル ヴァン】 quatre-vingts
- 【オ**チェ**ンタ】 ochenta
- 【バー シー】 八十
- 【パル シッ】 팔십

90
- 【**ナ**インティ】 ninety
- 【キャトル ヴァン ディス】 quatre-vingt-dix
- 【ノ**ベ**ンタ】 noventa
- 【ジウ シー】 九十
- 【ク シッ】 구십

100
- 【**ハン**ドゥレド】 hundred
- 【サン】 cent
- 【**スィエ**ン】 cien
- 【バイ】 百
- 【ペッ】 백

1000
- 【**サ**ウザンド】 thousand
- 【ミル】 mille
- 【ミル】 mil
- 【チエン】 千
- 【チョン】 천

10000
- 【**テン サ**ウザンド】 ten thousand
- 【ディ ミル】 dix mille
- 【**ディエス ミ**ル】 diez mil
- 【ワン】 万
- 【マン】 만

0
- 【**ズィ**ロウ】 zero
- 【ゼロ】 zéro
- 【**セ**ロ】 cero
- 【リン】 零
- 【ヨン】 영

1 番目
- 【**ファー**スト】 first
- 【プルミエ / プルミエール】 premier / première
- 【プリ**メ**ロ】 primero
- 【ディ イー】 第一
- 【チョッ チェ】 첫째

2 番目
- 【**セ**カンド】 second
- 【ドゥズイエム】 deuxième
- 【セ**グ**ンド】 segundo
- 【ディ アー】 第二
- 【トゥルッ チェ】 둘째

3 番目
- 【**サ**ード】 third
- 【トロワズイエム】 troisième
- 【テル**セ**ロ】 tercero
- 【ディ サン】 第三
- 【**セッ** チェ】 셋째

JN082550

「色」や「形」を表すことば

色
【カラァ】 color	
【クウルール】 couleur	
【コロル】 color	
【イエン スァ】 顔色	
【セッ カル】 색깔	

黒
【ブラック】 black
【ノワール】 noir
【ネグロ】 negro
【ヘイ スァ】 黑色
【コム ジョン】 검정

青
【ブルー】 blue
【ブルー】 bleu
【アスル】 azul
【ラン スァ】 蓝色
【パ ラン】 파랑

緑
【グリーン】 green
【ヴェール】 vert
【ベルデ】 verde
【リュィ スァ】 绿色
【チョ ロク】 초록

オレンジ色
【オレンジ】 orange
【オロンジュ】 orange
【ナランハ】 naranja
【チェン スァ】 橙色
【オ レン ジ セク】 오렌지색

紫色
【パープル】 purple
【ヴィヨレ】 violet
【モラド】 morado
【ズー スァ】 紫色
【ボ ラ セク】 보라색

赤
【レッド】 red
【ルージュ】 rouge
【ロホ】 rojo
【ホン スァ】 红色
【ッパル ガン】 빨강

白
【フワイト】 white
【ブラン】 blanc
【ブランコ】 blanco
【バイ スァ】 白色
【ハ ヤン】 하양

黄色
【イェロウ】 yellow
【ジョーヌ】 jaune
【アマリヨ】 amarillo
【フワン スァ】 黄色
【ノ ラン】 노랑

形
【シェイプ】 shape
【フォルム】 forme
【フォルマ】 forma
【シン ジュワーン】 形状
【モ ヤン】 모양

円
【サークル】 circle
【セルクル】 cercle
【シルクロ】 círculo
【ユエン】 圆
【ウォン】 원

十字形
【クロス】 cross
【クロワ】 croix
【クルス】 cruz
【シー ズー シン】 十字形
【シプッチャ ヒョン】 십자형

ひし形
【ダイアモンド】 diamond
【ロザンジュ】 losange
【ディアマンテ】 diamante
【リン シン】 菱形
【マ ルン モ】 마름모

長方形
【レクタングル】 rectangle
【レクタングル】 rectangle
【レクタングロ】 rectángulo
【チャン ファン シン】 长方形
【チクッサ ガ キョン】 직사각형

正方形
【スクウェア】 square
【カレ】 carré
【クワドラド】 cuadrado
【ジェン ファン シン】 正方形
【チョン サガ キョン】 정사각형

三角形
【トゥライアングル】 triangle
【トゥリヤングル】 triangle
【トゥリアングロ】 triángulo
【サン ジアオ シン】 三角形
【サム ガ キョン】 삼각형

5か国語で おもてなし

学校編

理論社

ためしてみよう！

もし、あなたが外国に行ったときに、その国の人から日本語で話しかけられたら、きっとうれしくなると思いませんか？

このシリーズでは、くらしのいろいろなシーンをイラストにして、そこに出てくることばを、英語・フランス語・スペイン語・中国語・韓国語の5か国語でしょうかいしています。そしてこの巻では、ふだんの学校生活の中のことばを集めました。

ぜひ、日本に来た外国の人に、その人の国のことばで話しかけてあげてください。単語だけでもじゅうぶん、コミュニケーションはできますし、"おもてなし"にもなりますよ！

★ この本の見かた

> イラストに、日本語と番号をしるしています。

> 学校生活のいろいろなシーンの中からことばを集めました。

> このシーンは教室です。ふだんよく見るものがたくさん出てきます。

> 学校のいろいろなシーンのことばを、5か国語でしょうかいしています。

次のページ

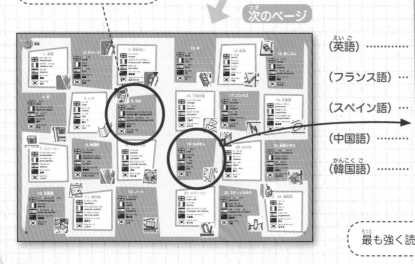

（英語）……………
（フランス語）……
（スペイン語）……
（中国語）…………
（韓国語）

> それぞれの言語のつづりと発音のしかたを、国旗とともにしょうかいしています。

19. ものさし

【ルーラァ】ruler
【レーグル】règle
【レグラ】regla
【チーズ】尺子
【チャ】자

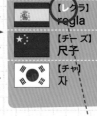

> 最も強く読む音（アクセント）は色を変えています。

2

もくじ

3

【シーン】1 校庭(こうてい)

1 校庭(こうてい)
30 鉄棒(てつぼう)
35 すべり台
3 校舎(こうしゃ)
18 砂場(すなば)
14 ベンチ
45 運動会(うんどうかい)
4 昇降口(しょうこうぐち)
20 帽子(ぼうし)
23 グローブ
25 ボール
24 バット
22 キャッチボール
46 万国旗(ばんこくき)
5 白線(はくせん)
37 一輪車(いちりんしゃ)
47 日の丸
8 朝礼台(ちょうれいだい)
43 ビオトープ
7 屋上(おくじょう)
44 なわとび

4

1 校庭（こうてい）

1. 校庭（こうてい）

- 【スクール プレイグラウンド】 school playground
- 【クール】 cour
- 【パティオ デラ エスクエラ】 patio de la escuela
- 【シヤオ ユエン】 校园
- 【キョジョン】 교정

2. 校門（こうもん）

- 【スクール ゲイト】 school gate
- 【ポルタイュ】 portail
- 【プエルタ デラ エスクエラ】 puerta de la escuela
- 【シヤオ メン】 校门
- 【キョムン】 교문

3. 校舎（こうしゃ）

- 【スクール ビルディング】 school building
- 【エタブリスモン スコレール】 établissement scolaire
- 【エディフィスィオ デラ エスクエラ】 edificio de la escuela
- 【シヤオ ショーァ】 校舍
- 【キョサ】 교사

4. 昇降口（しょうこうぐち）

- 【エントゥランス】 entrance
- 【アントレ】 entrée
- 【エントゥラダ】 entrada
- 【チュウ ルー コウ】 出入口
- 【イプ ク】 입구

5. 白線（はくせん）

- 【フワイト ライン】 white line
- 【リーニュ ブランシュ】 ligne blanche
- 【リネア ブランカ】 línea blanca
- 【バイ シエン】 白线
- 【ヒン ズル】 흰줄

6. 時計（とけい）

- 【クラック】 clock
- 【オルロージュ】 horloge
- 【レロ】 reloj
- 【シ ジョン】 时钟
- 【シ ゲ】 시계

7. 屋上（おくじょう）

- 【ルーフトプ】 rooftop
- 【トワ テラース】 toit-terrasse
- 【アソテア】 azotea
- 【ウー ディン】 屋顶
- 【オク サン】 옥상

8. 朝礼台（ちょうれいだい）

- 【プラトゥフォーム】 platform
- 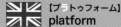【エストラード】 estrade
- 【プラタフォルマ】 plataforma
- 【ジャン タイ】 讲台
- 【カン ダン】 강단

9. 桜（さくら）

- 【チェリィ トゥリー】 cherry tree
- 【スリズィエ】 cerisier
- 【セレソ】 cerezo
- 【イン ホワ シュウ】 櫻花树
- 【ボッ ナム】 벚나무

10. 花壇（かだん）

- 【フラウアベッド】 flowerbed
- 【パルテール】 parterre
- 【カマ デ フロレス】 cama de flores
- 【ホワ タン】 花坛
- 【ファ ダン】 화단

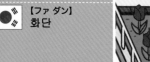

11. チューリップ

- 【テューリプ】 tulip
- 【チュリップ】 tulipe
- 【トゥリパン】 tulipán
- 【ユイ ジン シアン】 郁金香
- 【トュル リプ】 튤립

12. 朝顔（あさがお）

- 【モーニング グローリィ】 morning glory
- 【ヴォルビリス】 volubilis
- 【グロリア デ ラ マニァナ】 gloria de la mañana
- 【ラー バー ホワ】 喇叭花
- 【ナ パル コッ】 나팔꽃

13. 植木鉢（うえきばち）

 【フラウアポト】
flowerpot

 【ポ ドゥ フレール】
pot de fleur

 【マセタ】
maceta

 【ホワ ペン】
花盆

 【ファ ブン】
화분

14. ベンチ

 【ベンチ】
bench

 【バン】
banc

 【バンコ】
banco

【チャン ティヤオ イー】
长条椅

【ベン チ】
벤치

15. バケツ

 【バケト】
bucket

 【ソー】
seau

 【クボ】
cubo

 【シュウイ トン】
水桶

【バケス】
바께쓰

16. スコップ

 【シャヴル】
shovel

 【トゥルエル ドゥ ジャルダン】
truelle de jardin

 【パラ】
pala

 【チャン】
铲

【サプ】
삽

17. じょうろ

 【ウォータリング キャン】
watering can

 【アロゾワール】
arrosoir

 【レガデラ】
regadera

 【ペン フゥ】
喷壶

【ムル ブリ ゲ】
물뿌리개

18. 砂場（すなば）

 【サンドゥピト】
sandpit

 【バカ サーブル】
bac à sable

 【アレナ】
arena

 【シャア コン】
沙坑

 【モ レ トゥ】
모래터

19. フェンス

 【フェンス】
fence

 【グリヤージュ】
grillage

 【アランブラダ】
alambrada

【ジャア ラン】
栅栏

【ウル タ リ】
울타리

20. 帽子（ぼうし）

 【キャップ】
cap

 【キャスク】
casque

 【ゴラ】
gorra

【マオ ズ】
帽子

【モ ジャ】
모자

21. 児童（じどう）

 【チャイルド】
child

 【エコリエ】
écolier

 【ニョ】
niño

【アルトン】
儿童

 【ア ドン】
아동

22. キャッチボール

 【キャッチ】
catch

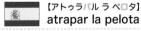 【エションジュ ドゥ バル】
échange de balle

 【アトゥラパル ラ ペロタ】
atrapar la pelota

【ジエ チウ】
接球

【ケ チ ボル】
캐치볼

23. グローブ

 【グラヴ】
glove

 【ガン】
gant

 【グァンテ】
guante

【ショウ タオ】
手套

【グル ロ ブ】
글러브

24. バット

 【バット】
bat

【バット】
batte

【バテ】
bate

【チウ バン】
球棒

 【ベ トゥ】
배트

こうてい 校庭

25. ボール
🇬🇧	【ボール】 ball
🇫🇷	【バル】 balle
🇪🇸	【ペロタ】 pelota
🇨🇳	【チウ】 球
🇰🇷	【ゴン】 공

26. サッカー

🇬🇧	【フトゥボール】 football
🇫🇷	【フットボール】 football
🇪🇸	【フッツボル】 fútbol
🇨🇳	【ズウ チウ】 足球
🇰🇷	【チュック】 축구

27. ゴールポスト

🇬🇧	【ゴウルポウスト】 goalpost
🇫🇷	【ポトー ドゥ ビュット】 poteau de but
🇪🇸	【ポステ デ ゴル】 poste de gol
🇨🇳	【チウ メン】 球门
🇰🇷	【コルッテ】 골대

28. ドリブル
🇬🇧	【ドゥリブリング】 dribbling
🇫🇷	【ドゥリーブル】 dribble
🇪🇸	【レガテ】 regate
🇨🇳	【ユン チウ】 运球
🇰🇷	【トゥ リブル】 드리블

29. パス
🇬🇧	【パス】 pass
🇫🇷	【パス】 passe
🇪🇸	【パセ】 pase
🇨🇳	【チュワン チウ】 传球
🇰🇷	【ペス】 패스

30. てつぼう 鉄棒

🇬🇧	【ホリゾントゥル バー】 horizontal bar
🇫🇷	【バル フィクス】 barre fixe
🇪🇸	【バラ】 barra
🇨🇳	【ダン ガン】 单杠
🇰🇷	【チョル ボン】 철봉

31. ブランコ
🇬🇧	【スウィング】 swing
🇫🇷	【バロンソワール】 balançoire
🇪🇸	【コルンピオ】 columpio
🇨🇳	【チウ チエン】 秋千
🇰🇷	【ク ネ】 그네

32. ジャングルジム
🇬🇧	【ジャングル ジム】 jungle gym
🇫🇷	【キャージュ ア プル】 cage à poules
🇪🇸	【バラス デ モノ】 barras de mono
🇨🇳	【パン ドン ジア】 攀登架
🇰🇷	【チョング ル チム】 정글짐

33. うんてい 雲梯
🇬🇧	【マンキィ バーズ】 monkey bars
🇫🇷	【エシェル ホリゾンタル】 échelle horizontale
🇪🇸	【バラス】 barras
🇨🇳	【ユン ティー】 云梯
🇰🇷	【クルム サダリ】 구름사다리

34. シーソー
🇬🇧	【スィーソー】 seesaw
🇫🇷	【バロンソワ ア バスキュール】 balançoire à bascule
🇪🇸	【バランスィン】 balancín
🇨🇳	【チャオ チャオ バン】 跷跷板
🇰🇷	【シ ソ】 시소

35. すべり台
🇬🇧	【プレイグラウンド スライド】 playground slide
🇫🇷	【トボガン】 toboggan
🇪🇸	【トボガン】 tobogán
🇨🇳	【ホワ ティー】 滑梯
🇰🇷	【ミック ロム トゥル】 미끄럼틀

36. タイヤ
🇬🇧	【タイア】 tyre
🇫🇷	【プヌ】 pneu
🇪🇸	【ヤンタ】 llanta
🇨🇳	【ルン タイ】 轮胎
🇰🇷	【タイオ】 타이어

37. 一輪車 (いちりんしゃ)

 【ユーニサイクル】
unicycle

 【モノスィークル】
monocycle

 【モノスィクロ】
monociclo

 【ドゥルン チェ】
独轮车

【ウェ バル チャ ジョン ゴ】
외발자전거

38. 飼育小屋 (しいくごや)

 【アニマル ハッチ】
animal hutch

 【フェルム ペダゴジーク】
ferme pédagogique

 【クリアデロ デ アニマレス】
criadero de animales

 【スヤン シヤオ ウ】
饲养小屋

 【サ ユク ジャン】
사육장

39. うさぎ

 【ラビト】
rabbit

 【ラパン】
lapin

 【コネホ】
conejo

 【トゥーズ】
兔子

 【トッキ】
토끼

40. 野菜 (やさい)

 【ヴェジタブル】
vegetable

 【レギューム】
légume

 【ベヘタレス】
vegetales

 【シュウ ツァイ】
蔬菜

 【ヤチェ】
야채

41. 百葉箱 (ひゃくようばこ)

 【インストゥルメント シェルタァ】
instrument shelter

 【アブリ メテオ】
abri météo

 【ガリタ スティブンソン】
garita Stevenson

 【バイ イエ シアン】
百叶箱

 【ペ ギョプ サン】
백엽상

42. 池

 【ポンド】
pond

 【エタン】
étang

 【エスタンケ】
estanque

 【チータン】
池塘

 【ヨン モッ】
연못

43. ビオトープ

 【バイオトウプ】
biotope

 【ビオトップ】
biotope

 【ビオトポ】
biotopo

 【チュン ルオ シェン ジン】
群落生境

 【ビオトプ】
비오톱

44. なわとび

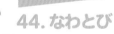 【ジャンプ ロウプ】
jump rope

 【コルダ ソテ】
corde à sauter

 【クエルダ デ サルタル】
cuerda de saltar

 【ティヤオ シェン】
跳绳

 【チュル ロム キ】
줄넘기

45. 運動会 (うんどうかい)

 【フィールド デイ】
field day

【ランコントル スポルティーヴ】
rencontre sportive

 【ディア デ カンポ】
día de campo

 【ユ イン ドン フイ】
运动会

 【ウン ドン フェ】
운동회

46. 万国旗 (ばんこくき)

 【フラッグズ オヴ オール ネイションズ】
flags of all nations

 【ドゥラボー ドゥ トゥーレ ナスィオン】
drapeaux de toues les nations

 【バンデラス デ トダス ラス ナスィオネス】
banderas de todas las naciones

 【ワン グオ チイ】
万国旗

【マン グッキ】
만국기

47. 日の丸

 【ナショナル フラッグ オヴ ジャパン】
national flag of Japan

 【ドゥラボー ジャボネ】
drapeau Japonais

 【バンテラ ハボネサ】
bandera Japonesa

【タイ ヤン チイ】
太阳旗

 【イル ジャン ギ】
일장기

48. プール

 【プール】
pool

 【ピスィーヌ】
piscine

【ピスィナ】
piscina

 【ユウ ユン チー】
游泳池

 【スヨン ジャン】
수영장

シーン2 廊下（ろうか）

1. 教室（きょうしつ）

- 【クラスルーム】 classroom
- 【サル ドゥ クラース】 salle de classe
- 【アウラ】 aula
- 【ジアオ シー】 教室
- 【キョ シル】 교실

2. 窓（まど）

- 【ウィンドウ】 window
- 【フネートゥル】 fenêtre
- 【ベンタナ】 ventana
- 【チュワン フゥ】 窗户
- 【チャン ムン】 창문

3. あいさつ

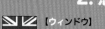

- 【グリーティング】 greeting
- 【サリュタスィオン】 salutation
- 【サルド】 saludo
- 【ダー ズアオ フー】 打招呼
- 【イン サ】 인사

4. ドア

- 【ドーァ】 door
- 【ポルト】 porte
- 【プエルタ】 puerta
- 【メン】 门
- 【ムン】 문

5. 廊下（ろうか）

- 【コーリダァ】 corridor
- 【クウルワール】 couloir
- 【パスィヨ】 pasillo
- 【ゾウ ラン】 走廊
- 【ボクット】 복도

6. 上履き（うわばき）

- 【インドーァ シューズ】 indoor shoes
- 【ショソン プール ラ クラース】 chaussons pour la classe
- 【サパトス デ インテリオル】 zapatos de interior
- 【シー ネイ シェ】 室内鞋
- 【シル レ ファ】 실내화

7. ロッカー

- 【ロカァ】 locker
- 【キャジエ】 casier
- 【カスィイェロス】 casilleros
- 【グオン イー グイ】 更衣柜
- 【サ ムル ハム】 사물함

8. スリッパ

- 【スリパァズ】 slippers
- 【ショソン】 chaussons
- 【パントゥフラス】 pantuflas
- 【トゥオ シェ】 拖鞋
- 【スル リ ボ】 슬리퍼

9. 長靴（ながぐつ）

- 【ブーツ】 boots
- 【ボート】 bottes
- 【ボタス】 botas
- 【シュエ ズ】 靴子
- 【チャン ファ】 장화

10. 傘立て（かさたて）

- 【アンブレラ スタンド】 umbrella stand
- 【ポルト パラプリュイ】 porte-parapluies
- 【パラグエロ】 paragüero
- 【サン ジア】 伞架
- 【ウ サン コジ】 우산꽂이

11. 男子トイレ

- 【ボウイズ ルーム】 boys' room
- 【トワレート デ ギャルソン】 toilettes des garçons
- 【バニョ デ オンブレス】 baño de hombres
- 【ナン シイ ショウ ジエン】 男洗手间
- 【ナム ジャ ファ ジャン シル】 남자 화장실

12. 女子トイレ

- 【ガールズ ルーム】 girls' room
- 【トワレート デ フィーユ】 toilettes des filles
- 【バニョ デ ムヘレス】 baño de mujeres
- 【ニュィ シイ ショウ ジエン】 女洗手间
- 【ヨ ジャ ファ ジャン シル】 여자 화장실

13. 階段 (かいだん)

- 🇬🇧 【ステアズ】 stairs
- 🇫🇷 【エスカリエ】 escalier
- 🇪🇸 【エスカレラス】 escaleras
- 🇨🇳 【ロウ ティー】 楼梯
- 🇰🇷 【ケ ダン】 계단

14. 下駄箱 (げたばこ)

- 🇬🇧 【シュー ラック】 shoe rack
- 🇫🇷 【プラカール ア ショスュール】 placard à chaussures
- 🇪🇸 【サパテロ】 zapatero
- 🇨🇳 【シェ グイ】 鞋柜
- 🇰🇷 【シン バル チャン】 신발장

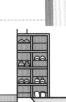

15. 手すり

- 🇬🇧 【ハンドゥレイル】 handrail
- 🇫🇷 【ランプ】 rampe
- 🇪🇸 【パサマノ】 pasamano
- 🇨🇳 【フゥ ショウ】 扶手
- 🇰🇷 【ナン ガン】 난간

16. 踊り場 (おどりば)

- 🇬🇧 【ランディング】 landing
- 🇫🇷 【パリエ】 palier
- 🇪🇸 【レヤノ】 rellano
- 🇨🇳 【ロウ ティー ピン タイ】 楼梯平台
- 🇰🇷 【チュン ゲ チャム】 층계참

17. 足ふきマット

- 🇬🇧 【ドァマット】 doormat
- 🇫🇷 【パイアッソン】 paillasson
- 🇪🇸 【フェルプド】 felpudo
- 🇨🇳 【メン ディエン】 门垫
- 🇰🇷 【トォ メトゥ】 도어매트

18. 手洗い場 (てあらいば)

- 🇬🇧 【ハンドゥウォシング ベイスン】 handwashing basin
- 🇫🇷 【サニテール】 sanitaires
- 🇪🇸 【ラバマノス】 lavamanos
- 🇨🇳 【シイ ショウ チー】 洗手池
- 🇰🇷 【ソン シッ ヌン ゴッ】 손 씻는 곳

19. 非常口 (ひじょうぐち)

- 🇬🇧 【イマージェンスィ エグズィト】 emergency exit
- 🇫🇷 【ソルティー ドゥ スクール】 sortie de secours
- 🇪🇸 【サリダ デ エメルヘンスィア】 salida de emergencia
- 🇨🇳 【ジン ジー チュウ コウ】 紧急出口
- 🇰🇷 【ビ サング】 비상구

20. 火災報知器 (かさいほうちき)

- 🇬🇧 【ファイア アラーム】 fire alarm
- 🇫🇷 【アラルム アンサンディー】 alarme incendie
- 🇪🇸 【アラルマ デ インセンディオ】 alarma de incendio
- 🇨🇳 【フオ ザイ バオ ジン チイ】 火灾报警器
- 🇰🇷 【ファ ジェ キョン ボ ギ】 화재경보기

21. 校歌

- 🇬🇧 【スクール ソング】 school song
- 🇫🇷 【インヌ デコール】 hymne d'école
- 🇪🇸 【イムノ エスコラル】 himno escolar
- 🇨🇳 【シャオ グァ】 校歌
- 🇰🇷 【キョ ガ】 교가

22. ポスター

- 🇬🇧 【ポスタァ】 poster
- 🇫🇷 【アフィシュ】 affiche
- 🇪🇸 【ポステル】 póster
- 🇨🇳 【ハイ バオ】 海报
- 🇰🇷 【ポスト】 포스터

23. 図書館 (としょかん)

- 🇬🇧 【ライブレリィ】 library
- 🇫🇷 【ビブリヨテーク】 bibliothèque
- 🇪🇸 【ビブリオテカ】 biblioteca
- 🇨🇳 【トゥ シュウ グワン】 图书馆
- 🇰🇷 【ト ソ グァン】 도서관

24. 放送室 (ほうそうしつ)

放送中

- 🇬🇧 【ブロードゥキャスティング ルーム】 broadcasting room
- 🇫🇷 【サル ドゥ ジフュジョン】 salle de diffusion
- 🇪🇸 【サラ デ ラディオディフスィオン】 sala de radiodifusión
- 🇨🇳 【グワン ボー シー】 广播室
- 🇰🇷 【パン ソン シル】 방송실

【シーン】**3** 教室（きょうしつ）

7 スピーカー

41 日本地図（にほんちず）

8 時間割（じかんわり）

40 本だな

36 辞書（じしょ）

9 ランドセル

1 黒板（こくばん）

10 巾着袋（きんちゃくぶくろ）

14 鉛筆（えんぴつ）

6 先生

11 教科書（きょうかしょ）

12 ノート

3 黒板消し（こくばんけし）

37 ふせん

15 消しゴム（けしゴム）

34 タブレット

16 三角定規（さんかくじょうぎ）

2 チョーク

19 ものさし

39 電卓（でんたく）

18 分度器（ぶんどき）

21 鉛筆けずり（えんぴつけずり）

17 コンパス

20 はさみ

45 水槽（すいそう）

46 リコーダー

47 花びん

42 スローガン

元気に
あいさつ!!

44 絵画（かいが）

27 ピン（画鋲）（がびょう）

24 接着剤（せっちゃくざい）

23 スティックのり

26 クリップ

22 カラーペン

28 絵の具（えのぐ）

31 クレヨン

29 絵筆（えふで）

25 工作

48 ぞうきん

43 習字（しゅうじ）

13 本

35 めがね

30 スケッチブック

38 そろばん

33 ふで箱（ばこ）

4 机（つくえ）

5 いす

32 地球儀（ちきゅうぎ）

15

1. 黒板（こくばん）

【ブラクボード】	blackboard
【タブロー ノワール】	tableau noir
【ピサラ】	pizarra
【ヘイ バン】	黑板
【チル パン】	칠판

2. チョーク

【チョーク】	chalk
【クレ】	craie
【ティサ】	tiza
【フェン ビー】	粉笔
【ブン ビル】	분필

3. 黒板消し（こくばんけ）

【イレイサァ】	eraser
【ブロッス プール タブロー】	brosse pour tableau
【ボラドル】	borrador
【ヘイ バン ツァ】	黑板擦
【チル パン チ ウ ゲ】	칠판지우개

4. 机（つくえ）

【デスク】	desk
【ターブル ドゥ クラス】	table de classe
【ピュトゥレ】	pupitre
【ジュオ ズ】	桌子
【チェク サン】	책상

5. いす

【チェア】	chair
【シェーズ】	chaise
【スィヤ】	silla
【イー ズ】	椅子
【ウィ ジャ】	의자

6. 先生

【ティーチァ】	teacher
【アンスティチュトゥール / アンスティチュトゥリス】	instituteur(男性) / institutrice(女性)
【プロフェソル / プロフェソラ】	profesor(男性) /profesora(女性)
【ラオ シー】	老师
【ソン セン ニム】	선생님

7. スピーカー

【ラウドゥスピーカァ】	loudspeaker
【オ パルルール】	haut-parleur
【アルタボス】	altavoz
【イン シャン】	音响
【スピコ】	스피커

8. 時間割（じかんわり）

【スケジュール】	schedule
【アンプルワ デュ タン】	emploi du temps
【オラリオ】	horario
【クー チェン ビヤオ】	课程表
【ス オブ シ ガン ピョ】	수업 시간표

9. ランドセル

【サチェル】	satchel
【キャルタブル】	cartable
【モチラ エスコラル】	mochila escolar
【シュウ バオ】	书包
【ランド セル】	란도셀

10. 巾着袋（きんちゃくふくろ）

【ドゥローストゥリング バッグ】	drawstring bag
【ブウルス】	bourse
【ボルソ デ コルドン】	bolso de cordón
【チョウ シェン ダイ】	抽绳袋
【チュ モ ニ】	주머니

11. 教科書

【テクストゥブク】	textbook
【マニュエル スコレール】	manuel scolaire
【リブロ デ テクスト】	libro de texto
【ジアオ クー シュウ】	教科书
【キョ グァ ソ】	교과서

12. ノート

【ノウトゥブク】	notebook
【カイエ】	cahier
【クワデルノ】	cuaderno
【ビー ジー ベン】	笔记本
【ノ トゥ】	노트

13. 本

- 【ブック】 book
- 【リーヴル】 livre
- 【リブロ】 libro
- 【シュウ】 书
- 【チェク】 책

14. 鉛筆(えんぴつ)

- 【ペンスル】 pencil
- 【クレヨン】 crayon
- 【ラピス】 lápiz
- 【チエン ビー】 铅笔
- 【ヨン ピル】 연필

15. 消しゴム(け)

- 【イレイサァ】 eraser
- 【ゴム】 gomme
- 【ゴマ デ ボラル】 goma de borrar
- 【シアーン ピー】 橡皮
- 【チ ウ ゲ】 지우개

16. 三角定規(さんかくじょうぎ)

- 【トゥライアングル】 triangle
- 【エケール】 équerre
- 【エスクワドゥラ】 escuadra
- 【サン ジアオ チー】 三角尺
- 【サム ガク チャ】 삼각자

17. コンパス

- 【カンパス】 compass
- 【コンパ】 compas
- 【コンパス】 compás
- 【リヤン ジアオ グイ】 两脚规
- 【コン ボス】 컴퍼스

18. 分度器(ぶんどき)

- 【プロトゥラクタァ】 protractor
- 【ラポルテール】 rapporteur
- 【トランスポルタドル】 transportador
- 【リヤン ジアオ チイ】 量角器
- 【カクトギ】 각도기

19. ものさし

- 【ルーラァ】 ruler
- 【レーグル】 règle
- 【レグラ】 regla
- 【チー ズ】 尺子
- 【チャ】 자

20. はさみ

- 【スィザァズ】 scissors
- 【スィゾー】 ciseaux
- 【ティヘラ】 tijera
- 【ジエン ダオ】 剪刀
- 【カ ウィ】 가위

21. 鉛筆けずり(えんぴつ)

- 【ペンスル シャープナァ】 pencil sharpener
- 【ターユ クレヨン】 taille-crayon
- 【サカプンタス】 sacapuntas
- 【チエン ビー ダオ】 铅笔刀
- 【ヨン ピル カッキ】 연필깎이

22. カラーペン

- 【カラァ ペン】 color pen
- 【フートル】 feutre
- 【ロトゥラドル デ コロレス】 rotulador de colores
- 【シュウイ ツァイ ビー】 水彩笔
- 【コル ロ ペン】 컬러펜

23. スティックのり

- 【グルー スティック】 glue stick
- 【コラン バトン】 colle en bâton
- 【ペガメント エン バラ】 pegamento en barra
- 【グゥ ティ ジアオ】 固体胶
- 【タック プル】 딱풀

24. 接着剤(せっちゃくざい)

- 【グルー】 glue
- 【グルー】 glue
- 【ペガメント】 pegamento
- 【ジアオ シュウイ】 胶水
- 【チョプ チャク チェ】 접착제

シーン **3** 教室（きょうしつ）

25. 工作

 【ハンディワーク】
handiwork

【トラヴァイユ マニュエル】
travail manuel

【マヌワリダデス】
manualidades

 【ショウ ゴン イー】
手工芸

【ス ゴン イェ】
수공예

26. クリップ

 【クリップ】
clip

【パンス パピエ】
pince papier

【クリップ】
clip

【ジア ズ】
夹子

【クル リプ】
클립

27. ピン（画鋲）（がびょう）

 【サムタク】
thumbtack

【ピュネーズ】
punaise

【チンチェタ】
chincheta

【トゥ ディン】
图钉

【アプ チョン】
압정

28. 絵の具（えのぐ）

 【ペインツ】
paints

【パンチュール ア ロー】
peinture à l'eau

【ピントゥラ】
pintura

【イエン リヤオ】
颜料

【クリム ムル カム】
그림물감

29. 絵筆（えふで）

 【ペイントゥブラシ】
paintbrush

【パンソー】
pinceau

【ピンセル】
pincel

【ホワ ビー】
画笔

【ファ ピル】
화필

30. スケッチブック

 【スケチブク】
sketchbook

【キャルネ ドゥ クロキ】
carnet de croquis

【クワデルノ デ ボセトス】
cuaderno de bocetos

【スゥ ミヤオ ベン】
素描本

【スケチブク】
스케치북

31. クレヨン

 【クレイアン】
crayon

【クレヨン グラ】
crayon gras

【クラヨン】
crayon

【ラー ビー】
蜡笔

【クレ ヨン】
크레용

32. 地球儀（ちきゅうぎ）

 【グロウブ】
globe

【グローブ テレストゥル】
globe terrestre

【グロボ テラケオ】
globo terráqueo

【ディ チウ イー】
地球仪

【チ グ ボン】
지구본

33. ふで箱（ばこ）

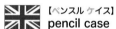 【ペンスル ケイス】
pencil case

【トゥルース】
trousse

【エストゥチェ エスコラル】
estuche escolar

【チエン ビー ホー】
铅笔盒

【ピルットン】
필통

34. タブレット

 【タブレト】
tablet

【タブレット】
tablette

【タブレタ】
tableta

【ピン バン ディエン ナオ】
平板电脑

【テブ リッ ピッ シ】
태블릿피시

35. めがね

 【グラスィズ】
glasses

【リュネート】
lunettes

【ガファス】
gafas

【イエン ジン】
眼镜

【アン ギョン】
안경

36. 辞書（じしょ）

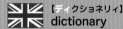 【ディクショネリィ】
dictionary

【ディクスィオネール】
dictionnaire

【ディクスィオナリオ】
diccionario

【ズー ディエン】
字典

【サ ジョン】
사전

37. ふせん

 【スティキィ ノウト】
sticky note

 【ポスト イット】
post-it

 【ポスティツ】
post-it

 【ビエン チエン】
便签

 【ポストゥイッ】
포스트잇

38. そろばん

 【アバカス】
abacus

 【ブリエ】
boulier

 【アバコ】
ábaco

 【スワン パン】
算盘

 【チュ パン】
주판

39. 電卓

 【キャルキュレイタァ】
calculator

 【キャルキュラトリス】
calculatrice

 【カルクラドラ】
calculadora

 【ジー スワン チイ】
计算器

 【ケ サン ギ】
계산기

40. 本だな

 【ブクシェルフ】
bookshelf

 【ビブリヨテーク】
bibliothèque

 【エスタンテ デ リブロス】
estante de libros

 【シュウ ジア】
书架

 【チェク チャン】
책장

41. 日本地図

 【マップ オヴ ジャパン】
map of Japan

 【カルト デュ ジャポン】
carte du Japon

 【マパ デ ハポン】
mapa de Japón

 【ゥリー ベン ディトゥ】
日本地图

 【イル ボン チ ド】
일본지도

42. スローガン

 【スロウガン】
slogan

 【スロゴン】
slogan

 【エスロガン】
eslogan

 【ビヤオ ユイ】
标语

 【スル ロ ゴン】
슬로건

43. 習字

 【カリグラフィ】
calligraphy

 【キャリグラフィ】
calligraphie

 【カリグラフィア】
caligrafía

 【シイ ズー】
习字

【スブ チャ】
습자

44. 絵画

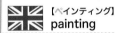 【ペインティング】
painting

 【パンテュール】
peinture

 【ピントゥラ】
pintura

 【フイ ホワ】
绘画

【フェ ファ】
회화

45. 水槽

 【アクウェリアム】
aquarium

 【アクワリアム】
aquarium

 【アクワリオ】
acuario

 【ユイ ガン】
鱼缸

 【オ ハン】
어항

46. リコーダー

 【リコーダァ】
recorder

 【フリュート ア ベック】
flûte à bec

 【フラウタ ドゥルセ】
flauta dulce

 【シュウ ディー】
竖笛

【リコド】
리코더

47. 花びん

 【ヴェイス】
vase

 【ヴァーズ】
vase

【フロレロ】
florero

 【ホワ ピン】
花瓶

【コッ ビョン】
꽃병

48. ぞうきん

 【ダストクロス】
dustcloth

 【シフォン】
chiffon

【トゥラポ】
trapo

 【マーブゥ】
抹布

 【コル レ】
걸레

16 ネット

6 バスケットボール

14 メガホン

15 タオル

12 ユニフォーム

23 ホイッスル

7 バスケットコート

18 コーン

5 大玉

8 ボールかご

24 つな

21

シーン 4 体育館（たいいくかん）

1. 体育館（たいいくかん）

 【ジムネイズィアム】 gymnasium
 【ジムナーズ】 gymnase
 【ヒムナスィオ】 gimnasio
 【ティー ユイ グワン】 体育馆
【チェ ユク クァン】 체육관

2. とびばこ

 【ヴォールティング ホース】 vaulting horse
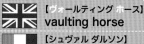 【シュヴァル ダルソン】 cheval d'arçon
 【ポトゥロ】 potro
 【ティヤオ シアン】 跳箱
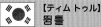 【ティム トゥル】 뜀틀

3. 踏切板（ふみきりばん）

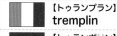 【テイコフ ボード】 takeoff board
 【トゥランプラン】 tremplin
 【トゥランポリン】 trampolín
【ズゥ ティヤオ バン】 助跳板
【クルム パン】 구름판

4. マット

 【ジム マット】 gym mat
 【タピー ドゥ ジムナスティーク】 tapis de gymnastique
 【コルチョネタ デ ヒムナスィア】 colchoneta de gimnasia
 【ティ ツァオ ディエン ズ】 体操垫子
 【メトゥ】 매트

5. 大玉

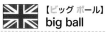 【ビッグ ボール】 big ball
 【バロン ジェオン】 ballon géant
 【ペロタ グランデ】 pelota grande
 【グン ダー チウ】 滚大球
 【コングル リギ】 공굴리기

6. バスケットボール

 【バスケトゥボール】 basketball
 【バスケット ボル】 basket-ball
 【バロンセスト】 baloncesto
 【ラン チウ】 篮球
【ノング】 농구

7. バスケットコート

 【バスケトゥボール コート】 basketball court
 【テラン ドゥ バスケット ボル】 terrain de basket-ball
 【カンチャ デ バロンセスト】 cancha de baloncesto
 【ラン チウ チャン】 篮球场
 【ノング ジャン】 농구장

8. ボールかご

 【ボール カート】 ball cart
 【バック ア バロン】 bac à ballon
 【カナスタ デ ペロタス】 canasta de pelotas
 【チウ クワン】 球筐
 【ゴン バ グニ】 공 바구니

9. 体操着（たいそうぎ）

 【ジム クロウズ】 gym clothes
 【シュルヴェットモン ドゥ スポール】 survêtement de sport
 【ロパ デポルティバ】 ropa deportiva
 【ユンドン フゥ】 运动服
【チェ ユク ボク】 체육복

10. はちまき

 【ヘドバンド】 headband
 【バンドゥー】 bandeau
【バンダ デ ラ カベサ】 banda de la cabeza
 【チャントウ ジン】 缠头巾
【モ リッティ】 머리띠

11. 運動靴（うんどうぐつ）

 【スポーツ シューズ】 sports shoes
 【ショスュール ドゥ スポール】 chaussures de sport
 【サパティヤス デ デポルテ】 zapatillas de deporte
 【ユン ドン シェ】 运动鞋
 【ウンドン ファ】 운동화

12. ユニフォーム

 【ユーニフォーム】 uniform
 【ユニフォルム】 uniforme
 【ウニフォルメ】 uniforme
 【ジー フゥ】 制服
【ユニ ボム】 유니폼

22

13. 平均台 (へいきんだい)

- 【バランス ビーム】 balance beam
- 【プートル】 poutre
- 【バラ デ エキリブリオ】 barra de equilibrio
- 【ピン ホン ムゥ】 平衡木
- 【ピョン ギュン デ】 평균대

14. メガホン

- 【メガフォウン】 megaphone
- 【メガフォヌ】 mégaphone
- 【メガフォノ】 megáfono
- 【クオ イン チイ】 扩音器
- 【メ ガ ポン】 메가폰

15. タオル

- 【タウエル】 towel
- 【セルヴィエート】 serviette
- 【トアヤ】 toalla
- 【マオ ジン】 毛巾
- 【タ オル】 타월

16. ネット

- 【ネット】 net
- 【フィレ】 filet
- 【レッド】 red
- 【チウ ワン】 球网
- 【ネ トゥ】 네트

17. モップ

- 【モップ】 mop
- 【セルピイェール】 serpillière
- 【モパ】 mopa
- 【トゥオ バー】 拖把
- 【テ ゴル レ】 대걸레

18. コーン

- 【コウン】 cone
- 【コウヌ】 cône
- 【コノ】 cono
- 【ジュイ シン ウー】 锥形物
- 【ギョトン コン】 교통콘

19. フラフープ

- 【フープ】 hoop
- 【セルソー】 cerceau
- 【アロ】 aro
- 【フゥ ラー チュエン】 呼拉圈
- 【フル ラ フプ】 훌라후프

20. ろくぼく

- 【ウォール バーズ】 wall bars
- 【エスパリエール】 espalier
- 【エスパルデ ラ デ ヒムナスィア】 espaldera de gimnasia
- 【レイ ムゥ】 肋木
- 【ヌン モク】 늑목

21. トランポリン

- 【トゥランポリーン】 trampoline
- 【トゥランポリーヌ】 trampoline
- 【トゥランポリン】 trampolín
- 【ポン チュワン】 蹦床
- 【トゥ レム ポリン】 트램펄린

22. 卓球台 (たっきゅうだい)

- 【テイブル テニス テイブル】 table tennis table
- 【ターブル ドゥ ピング ポング】 table de ping-pong
- 【メサ デ ピン ポン】 mesa de ping-pong
- 【ピン パン チウ タイ】 乒乓球台
- 【タック デ】 탁구대

23. ホイッスル

- 【フィスル】 whistle
- 【スィフレ】 sifflet
- 【スィルバト】 silbato
- 【チュイ コウ シャオ】 吹口哨
- 【フィスル】 휘슬

24. つな

- 【ロウプ】 rope
- 【コルド】 corde
- 【ソガ】 soga
- 【シェン】 绳
- 【パッ チュル】 밧줄

【シーン】**5** 給食（きゅうしょく）

15 牛乳（ぎゅうにゅう）

18 おかず

22 ふきん（台ふき）

12 スプーン

13 フォーク

20 ランチョンマット

11 はし

14 トレー

6 ハンカチ

16 パン

23 ごみ箱（ばこ）

1 献立表（こんだてひょう）

21 やかん

3 給食当番（きゅうしょくとうばん）

5 マスク

9 おたま

4 白衣（はくい）

2 エプロン

19 フルーツ

8 しゃもじ

7 配膳台（はいぜんだい）

17 ごはん

10 食器（しょっき）

24 水筒（すいとう）

25

シーン 5 給食

1. 献立表

🇬🇧	【メニュー】	menu
🇫🇷	【ムニュー】	menu
🇪🇸	【メヌ】	menú
🇨🇳	【シーブウ】	食谱
🇰🇷	【シクッ タン ピョ】	식단표

2. エプロン

🇬🇧	【エイプロン】	apron
🇫🇷	【タブリィエ】	tablier
🇪🇸	【デランタル】	delantal
🇨🇳	【ウエイ チュイン】	围裙
🇰🇷	【アプ チ マ】	앞치마

3. 給食当番

🇬🇧	【スクール ランチ デューティ】	school lunch duty
🇫🇷	【セルヴィス アントレ エレーヴ】	service entre élèves
🇪🇸	【セルビドル デ トゥルノ】	servidor de turno
🇨🇳	【ウー ツァン ジー バン】	午餐值班
🇰🇷	【クブ シク タン ボン】	급식 당번

4. 白衣（給食用）

🇬🇧	【クロウズ フォ ランチ デューティ】	clothes for lunch duty
🇫🇷	【ブルーズ ブランシュ】	blouse blanche
🇪🇸	【バタ】	bata
🇨🇳	【バイ スァ チュ ファン ゴン ズオ フゥ】	白色厨房工作服
🇰🇷	【ウィ センポク】	위생복

5. マスク

🇬🇧	【マスク】	mask
🇫🇷	【マスク】	masque
🇪🇸	【マスカリヤ】	mascarilla
🇨🇳	【コウ ジャオ】	口罩
🇰🇷	【マ ス ク】	마스크

6. ハンカチ

🇬🇧	【ハンカチフ】	handkerchief
🇫🇷	【ムウシュワール】	mouchoir
🇪🇸	【パニュエロ】	pañuelo
🇨🇳	【ショウ パー】	手帕
🇰🇷	【ソン ス ゴン】	손수건

7. 配膳台

🇬🇧	【サーヴィング テイブル】	serving table
🇫🇷	【シャリオ キュイジーヌ】	chariot cuisine
🇪🇸	【メサ デ セルビル】	mesa de servir
🇨🇳	【ペイ ツァン タイ】	配餐台
🇰🇷	【ペ シク テ】	배식대

8. しゃもじ

🇬🇧	【ライス スクープ】	rice scoop
🇫🇷	【スパトゥール】	spatule
🇪🇸	【パレタ デ アロス】	paleta de arroz
🇨🇳	【ファン シャオ】	饭勺
🇰🇷	【パプ チュ ゴク】	밥주걱

9. おたま

🇬🇧	【レイドゥル】	ladle
🇫🇷	【ルーシュ】	louche
🇪🇸	【クチャロン】	cucharón
🇨🇳	【タン シャオ】	汤勺
🇰🇷	【クッ チャ】	국자

10. 食器

🇬🇧	【テイブルウェア】	tableware
🇫🇷	【ヴェセル】	vaisselle
🇪🇸	【バヒヤ】	vajilla
🇨🇳	【ツァン ジュイ】	餐具
🇰🇷	【シッ キ】	식기

11. はし

🇬🇧	【チョプスティクス】	chopsticks
🇫🇷	【バゲット】	baguettes
🇪🇸	【パリヨス】	palillos
🇨🇳	【クワイ ズ】	筷子
🇰🇷	【チョッ カ ラク】	젓가락

12. スプーン

🇬🇧	【スプーン】	spoon
🇫🇷	【キュイエール】	cuillère
🇪🇸	【クチャラ】	cuchara
🇨🇳	【タン チー】	汤匙
🇰🇷	【スッ カ ラク】	숟가락

13. フォーク

🇬🇧	【フォーク】	fork
🇫🇷	【フウルシェート】	fourchette
🇪🇸	【テネドル】	tenedor
🇨🇳	【チャア ズ】	叉子
🇰🇷	【ポ ク】	포크

14. トレー

🇬🇧	【トゥレイ】	tray
🇫🇷	【プラトー】	plateau
🇪🇸	【バンデハ】	bandeja
🇨🇳	【トゥオ パン】	托盘
🇰🇷	【チェン バン】	쟁반

15. 牛乳（ぎゅうにゅう）

🇬🇧	【ミルク】	milk
🇫🇷	【レ】	lait
🇪🇸	【レチェ】	leche
🇨🇳	【ニウ ナイ】	牛奶
🇰🇷	【ウ ユ】	우유

16. パン

🇬🇧	【ブレッド】	bread
🇫🇷	【パン】	pain
🇪🇸	【パン】	pan
🇨🇳	【ミエン バオ】	面包
🇰🇷	【パン】	빵

17. ごはん

🇬🇧	【ライス】	rice
🇫🇷	【リ】	riz
🇪🇸	【アロス】	arroz
🇨🇳	【ミー ファン】	米饭
🇰🇷	【パブ】	밥

18. おかず

🇬🇧	【ディッシ】	dish
🇫🇷	【プラ ダコンパニュマン】	plat d'accompagnement
🇪🇸	【コミダ】	comida
🇨🇳	【ツァイ ヤオ】	菜肴
🇰🇷	【パン チャン】	반찬

19. フルーツ

🇬🇧	【フルート】	fruit
🇫🇷	【フリュイ】	fruit
🇪🇸	【フルタ】	fruta
🇨🇳	【シュイ グオ】	水果
🇰🇷	【クァ イル】	과일

20. ランチョンマット

🇬🇧	【プレイス マット】	place mat
🇫🇷	【セ ドゥ ターブル】	set de table
🇪🇸	【マンテル インディビドゥワル】	mantel individual
🇨🇳	【ツァン ジュイ ディエン】	餐具垫
🇰🇷	【シク タク カルゲ】	식탁 깔개

21. やかん

🇬🇧	【ケトゥル】	kettle
🇫🇷	【ブユワール】	bouilloire
🇪🇸	【テテラ】	tetera
🇨🇳	【シュイ ホウ】	水壶
🇰🇷	【チョ ジョン ジャ】	주전자

22. ふきん（台ふき）

🇬🇧	【キチン クロース】	kitchen cloth
🇫🇷	【シフォン】	chiffon
🇪🇸	【トゥラポ デ コスィナ】	trapo de cocina
🇨🇳	【ツァ ジュオ ブゥ】	擦桌布
🇰🇷	【ヘン ジュ】	행주

23. ごみ箱（ばこ）

🇬🇧	【ダストゥビン】	dustbin
🇫🇷	【プゥベル】	poubelle
🇪🇸	【クボ デ バスラ】	cubo de basura
🇨🇳	【ラー ジー シアン】	垃圾箱
🇰🇷	【ヒュ ジ トン】	휴지통

24. 水筒（すいとう）

🇬🇧	【サーモス フラスク】	thermos flask
🇫🇷	【グールド】	gourde
🇪🇸	【カンティンプロラ】	cantimplora
🇨🇳	【バオ ウエン ベイ】	保温杯
🇰🇷	【パル ビョン】	빨병

音楽室・理科室など

1 調理台

2 ボウル

3 炊飯器

4 なべ

5 コンロ

6 人体模型

7 白衣

8 フラスコ

9 ビーカー

10 顕微鏡

11 望遠鏡

12 ピンセット

13 ルーペ

14 アルコールランプ

15 シャーレ

16 てんびんばかり

17 肖像画（しょうぞうが）
18 トランペット
19 鉄琴（てっきん）
20 木琴（もっきん）
21 フルート
22 オルガン
23 楽譜（がくふ）
24 指揮棒（しきぼう）
25 大だいこ
26 小だいこ
27 音符（おんぷ）
28 ピアノ
29 ハーモニカ
30 鍵盤（けんばん）ハーモニカ
31 アコーディオン
32 タンバリン
33 カスタネット
34 メトロノーム
35 クラリネット

36 鏡（かがみ）
37 石膏像（せっこうぞう）
38 ペンキ
39 金づち
40 のこぎり
41 ペンチ
42 カッターナイフ
43 きり
44 万力（まんりき）
45 かんな
46 彫刻刀（ちょうこくとう）
47 紙やすり
48 ドライバー

29

1. 調理台（ちょうりだい）

	【クキング テイブル】 cooking table
	【ターブル ドゥ キュイズィーヌ】 table de cuisine
	【エンスィメラ】 encimera
	【ポン レン タイ】 烹饪台
	【チョリテ】 조리대

2. ボウル

	【ボウル】 bowl
	【ボル】 bol
	【ボル】 bol
	【ワアン】 碗
	【クルッ】 그릇

3. 炊飯器（すいはんき）

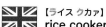

	【ライス クカァ】 rice cooker
	【クイゼール ドゥ リ】 cuiseur de riz
	【オヤ アロセラ】 olla arrocera
	【ディエン ファン バオ】 电饭煲
	【パブ ソッ】 밥솥

4. なべ

	【ポット】 pot
	【キャスロル】 casserole
	【オヤ】 olla
	【グオ】 锅
	【ネン ビ】 냄비

5. コンロ

	【ストウヴ】 stove
	【ガズィニエール】 gazinière
	【コスィナ】 cocina
	【ルゥ ズ】 炉子
	【コル ロ】 곤로

6. 人体模型（じんたいもけい）

	【ヒューマン ファンタム】 human phantom
	【スクレット ユマン】 squelette humain
	【エスケレト ウマノ】 esqueleto humano
	【ゥレン ティ モー シン】 人体模型
	【イン チェ モ ヒョン】 인체모형

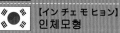

7. 白衣（はくい）

	【ラブ コウト】 lab coat
	【ブルーズ ブランシュ】 blouse blanche
	【バタ】 bata
	【バイ ダー イー】 白大衣
	【シ ロム シル カ ウン】 실험실 가운

8. フラスコ

	【フラスク】 flask
	【フラコン】 flacon
	【フラスコ】 frasco
	【シャオ ピン】 烧瓶
	【プル ラ ス ク】 플라스크

9. ビーカー

	【ビーカァ】 beaker
	【ベシェ】 bécher
	【バソ デプレスィピタドス】 vaso de precipitados
	【シャオ ベイ】 烧杯
	【ビコ】 비커

10. 顕微鏡（けんびきょう）

	【マイクロスコウプ】 microscope
	【ミクロスコープ】 microscope
	【ミクロスコピオ】 microscopio
	【シエン ウエイ ジン】 显微镜
	【ヒョン ミ ギョン】 현미경

11. 望遠鏡（ぼうえんきょう）

	【テレスコウプ】 telescope
	【テレスコープ】 télescope
	【テレスコピオ】 telescopio
	【ワン ユエン ジン】 望远镜
	【マン ウォン ギョン】 망원경

12. ピンセット

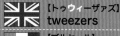	【トゥウィーザァズ】 tweezers
	【ブルセール】 brucelles
	【ピンサス】 pinzas
	【ニエ ズ】 镊子
	【ピン セッ】 핀셋

13. ルーペ

🇬🇧	【マグニファイア】	magnifier
🇫🇷	【ループ】	loupe
🇪🇸	【ルパ】	lupa
🇨🇳	【ファン ダー ジン】	放大鏡
🇰🇷	【ファクテ ギョン】	확대경

14. アルコールランプ

🇬🇧	【スピリト ランプ】	spirit lamp
🇫🇷	【ランプ ア アルコル】	lampe à alcool
🇪🇸	【ランパラ デ アルコル】	lámpara de alcohol
🇨🇳	【ジウ ジン ドン】	酒精灯
🇰🇷	【アル コ オル レムプ】	알코올램프

15. シャーレ

🇬🇧	【ペトゥリ ディッシ】	petri dish
🇫🇷	【ボワット ドゥ ペトゥリ】	boîte de Pétri
🇪🇸	【プラカ デ ペトゥリ】	placa de Petri
🇨🇳	【ペイ ヤン ミン】	培养皿
🇰🇷	【ペヤン ジョプ シ】	배양접시

16. てんびんばかり

🇬🇧	【バランス スケイル】	balance scale
🇫🇷	【バランス ア プラトゥー】	balance à plateaux
🇪🇸	【バランサ】	balanza
🇨🇳	【ティエン ピン】	天平
🇰🇷	【チョン チン】	천칭

17. 肖像画 (しょうぞうが)

🇬🇧	【ポートゥレト】	portrait
🇫🇷	【ポルトレ】	portrait
🇪🇸	【レトゥラト】	retrato
🇨🇳	【シャオ シアーン ホワ】	肖像画
🇰🇷	【チョ サン ファ】	초상화

18. トランペット

🇬🇧	【トゥランペト】	trumpet
🇫🇷	【トゥロンペット】	trompette
🇪🇸	【トゥロンペタ】	trompeta
🇨🇳	【シャオ ハオ】	小号
🇰🇷	【トゥ ロム ペッ】	트럼펫

19. 鉄琴 (てっきん)

🇬🇧	【メタルフォウン】	metallophone
🇫🇷	【メタロフォヌ】	métallophone
🇪🇸	【メタ□フォノ】	metalófono
🇨🇳	【ジョン チン】	钟琴
🇰🇷	【チョル グム】	철금

20. 木琴 (もっきん)

🇬🇧	【ザイロフォウン】	xylophone
🇫🇷	【ジロフォヌ】	xylophone
🇪🇸	【クシロフォノ】	xilófono
🇨🇳	【ムゥ チン】	木琴
🇰🇷	【シ ロ ボン】	실로폰

21. フルート

🇬🇧	【フルート】	flute
🇫🇷	【フリュート トゥラヴェルシエール】	flûte traversière
🇪🇸	【フラウタ トゥラベルサ】	flauta traversa
🇨🇳	【チャン ディー】	长笛
🇰🇷	【プル ル トゥ】	플루트

22. オルガン

🇬🇧	【オーガン】	organ
🇫🇷	【オルグーユ】	orgue
🇪🇸	【オルガノ】	órgano
🇨🇳	【フォン チン】	风琴
🇰🇷	【オル ガン】	오르간

23. 楽譜 (がくふ)

🇬🇧	【スコーァ】	score
🇫🇷	【パルティシオン】	partition
🇪🇸	【パルティトゥラ】	partitura
🇨🇳	【ユエ ブゥ】	乐谱
🇰🇷	【アク ボ】	악보

24. 指揮棒 (しきぼう)

🇬🇧	【バトン】	baton
🇫🇷	【バゲート】	baguette
🇪🇸	【バトゥタ】	batuta
🇨🇳	【ジー フイ バン】	指挥棒
🇰🇷	【チ フイ ボン】	지휘봉

25. 大だいこ

- 【ベイス ドゥラム】 bass drum
- 【グロス ケース】 grosse caisse
- 【ボンボ】 bombo
- 【ダー グゥ】 大鼓
- 【クン ブク】 큰북

26. 小だいこ

- 【スネア ドゥラム】 snare drum
- 【ケース クレール】 caisse claire
- 【タンボル コン ボルドン】 tambor con bordón
- 【シャオ グゥ】 小鼓
- 【チャ グン ブク】 작은북

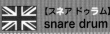

27. 音符（おんぷ）

- 【ノウト】 note
- 【ノート】 note
- 【ノタス ムスィカレス】 notas musicales
- 【イン フゥ】 音符
- 【ウム ピョ】 음표

28. ピアノ

- 【ピアノ】 piano
- 【ピアノ】 piano
- 【ピアノ】 piano
- 【ガン チン】 钢琴
- 【ピア ノ】 피아노

29. ハーモニカ

- 【ハーモニカ】 harmonica
- 【アルモニキャ】 harmonica
- 【アルモニカ】 armónica
- 【コウ チン】 口琴
- 【ハ モ ニ カ】 하모니카

30. 鍵盤ハーモニカ（けんばん）

- 【キーボード ハーモニカ】 keyboard harmonica
- 【メロジキャ】 mélodica
- 【メ ロ ディカ】 melódica
- 【ジエン パン コウ チン】 键盘口琴
- 【メル ロ ディ オン】 멜로디언

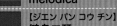

31. アコーディオン

- 【アコーディオン】 accordion
- 【アコルデオン】 accordéon
- 【アコルデオン】 acordeón
- 【ショウ フォン チン】 手风琴
- 【ア コ ディ オン】 아코디언

32. タンバリン

- 【タンバリーン】 tambourine
- 【タンボラン】 tambourin
- 【パンデレタ】 pandereta
- 【リン グゥ】 铃鼓
- 【テム ボ リン】 탬버린

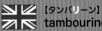

33. カスタネット

- 【キャスタネッツ】 castanets
- 【キャスタニェット】 castagnettes
- 【カスタニュエラス】 castañuelas
- 【シアーン バン】 响板
- 【ケストネツ】 캐스터네츠

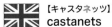

34. メトロノーム

- 【メトゥロノウム】 metronome
- 【メトゥロノム】 métronome
- 【メトゥロノモ】 metrónomo
- 【ジエ パイ チイ】 节拍器
- 【メトゥ ロ ノム】 메트로놈

35. クラリネット

- 【クラリネット】 clarinet
- 【クラリネット】 clarinette
- 【クラリネテ】 clarinete
- 【ダン ホワン グワン】 单簧管
- 【クル ラ リ ネッ】 클라리넷

36. 鏡（かがみ）

- 【ミラァ】 mirror
- 【ミルワール】 miroir
- 【エスペホ】 espejo
- 【ジン ズ】 镜子
- 【コ ウル】 거울

37. 石膏像 (せっこうぞう)

- 【プラスタァ フィギュァ】 plaster figure
- 【スタテューアン プラートゥル】 statue en plâtre
- 【エスタトゥワ デ イェソ】 estatua de yeso
- 【シー ガオ シアーン】 石膏像
- 【ソッコ サン】 석고상

38. ペンキ

- 【ペイント】 paint
- 【パンテュール】 peinture
- 【ピントゥラ】 pintura
- 【ユウ チイ】 油漆
- 【ペイントゥ】 페인트

39. 金づち

- 【ハマァ】 hammer
- 【マルトー】 marteau
- 【マルティヨ】 martillo
- 【チュウイズ】 锤子
- 【マンチ】 망치

40. のこぎり

- 【ソー】 saw
- 【スィー】 scie
- 【スィエラ】 sierra
- 【ジュイ】 锯
- 【トプ】 톱

41. ペンチ

- 【プライァズ】 pliers
- 【パンス】 pince
- 【アリカテ】 alicate
- 【チエンズ】 钳子
- 【ペンチ】 펜치

42. カッターナイフ

- 【カタァ】 cutter
- 【クテール】 cutter
- 【クテル】 cúter
- 【メイ ゴン ダオ】 美工刀
- 【コト】 커터

43. きり

- 【ギムレト】 gimlet
- 【ポワンソン】 poinçon
- 【バレナ】 barrena
- 【ジュイズ】 锥子
- 【ソン コッ】 송곳

44. 万力 (まんりき)

- 【ヴァイス】 vise
- 【エトー】 étau
- 【トルニヨ デ バンコ】 tornillo de banco
- 【タイ チエン】 台钳
- 【バイス】 바이스

45. かんな

- 【プレイン】 plane
- 【ラボ】 rabot
- 【ガルロパ】 garlopa
- 【バオ ズ】 刨子
- 【テ ペ】 대패

46. 彫刻刀 (ちょうこくとう)

- 【チズル】 chisel
- 【スィゾー ア ボワ】 ciseau à bois
- 【スィンセル】 cincel
- 【クー ダオ】 刻刀
- 【チョ ガッ カル】 조각칼

47. 紙やすり

- 【サンドゥペイパァ】 sandpaper
- 【パピエ ドゥ ヴェール】 papier de verre
- 【パペル デ リハ】 papel de lija
- 【シャア ジー】 砂纸
- 【サ ポ】 사포

48. ドライバー

- 【スクルードゥライヴァ】 screwdriver
- 【トゥルヌヴィス】 tournevis
- 【デストルニャドル】 destornillador
- 【ルオ スー ダオ】 螺丝刀
- 【トゥ ライ ボ】 드라이버

保健室・職員室・校長室
（ほけんしつ・しょくいんしつ・こうちょうしつ）

1. 保健室（ほけんしつ）

🇬🇧	【ナースィズ オフィス】 nurse's office
🇫🇷	【アンフィルメリー】 infirmerie
🇪🇸	【エンフェルメリア】 enfermería
🇨🇳	【バオ ジェン シー】 保健室
🇰🇷	【ボ ゴン シル】 보건실

2. ベッド

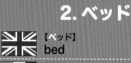

🇬🇧	【ベッド】 bed
🇫🇷	【リ】 lit
🇪🇸	【カマ】 cama
🇨🇳	【チュワン】 床
🇰🇷	【チム デ】 침대

3. 保健室の先生（ほけんしつのせんせい）

🇬🇧	【スクール ナース】 school nurse
🇫🇷	【アンフィルミエール】 infirmière（女性）
🇪🇸	【エンフェルメラ デ ラ エスクエラ】 enfermera de la escuela（女性）
🇨🇳	【バオ ジェン ラオ シー】 保健老师
🇰🇷	【ボ ゴン キョ サ】 보건교사

4. 薬（くすり）

🇬🇧	【メディスン】 medicine
🇫🇷	【メディカマン】 médicament
🇪🇸	【メディシナ】 medicina
🇨🇳	【ヤオ】 药
🇰🇷	【ヤク】 약

5. 視力検査（しりょくけんさ）

🇬🇧	【アイ テスト】 eye test
🇫🇷	【エグザマン ドゥ ヴュー】 examen de vue
🇪🇸	【グラドゥスィオン デラ ビスタ】 graduación de la vista
🇨🇳	【シー リ ジエン チァア】 视力检查
🇰🇷	【シ リョク コム サ】 시력검사

6. 職員室（しょくいんしつ）

🇬🇧	【ティーチァズ オフィス】 teachers' office
🇫🇷	【サル ドゥ プロフェスール】 salle des professeurs
🇪🇸	【サラ デ プロフェソレス】 sala de profesores
🇨🇳	【ジアオ シ バン ゴン シー】 教师办公室
🇰🇷	【キョ ム シル】 교무실

7. ホワイトボード

🇬🇧	【フワイトボード】 whiteboard
🇫🇷	【タブロー ブラン】 tableau blanc
🇪🇸	【ピサラ ブランカ】 pizarra blanca
🇨🇳	【バイ バン】 白板
🇰🇷	【ファ イトゥ ボ ドゥ】 화이트보드

8. カレンダー

🇬🇧	【キャレンダァ】 calendar
🇫🇷	【カランドリィエ】 calendrier
🇪🇸	【カレンダリオ】 calendario
🇨🇳	【グワ リー】 挂历
🇰🇷	【タル リョク】 달력

9. パソコン

🇬🇧	【パースナル コンピュータァ】 personal computer
🇫🇷	【オルディナトゥール】 ordinateur
🇪🇸	【オルデナドル ペルソナル】 ordenador personal
🇨🇳	【グーァ レン ディエン ナオ】 个人电脑
🇰🇷	【ピ シ】 피시

10. マウス

🇬🇧	【マウス】 mouse
🇫🇷	【スウリー】 souris
🇪🇸	【ラトン】 ratón
🇨🇳	【シュウ ビヤオ】 鼠标
🇰🇷	【マ ウス】 마우스

11. キーボード

🇬🇧	【キーボード】 keyboard
🇫🇷	【クラヴィエ】 clavier
🇪🇸	【テクラド】 teclado
🇨🇳	【ジエン パン】 键盘
🇰🇷	【キ ボ ドゥ】 키보드

12. プリンター

🇬🇧	【プリンタァ】 printer
🇫🇷	【アンプリモント】 imprimante
🇪🇸	【インプレソラ】 impresora
🇨🇳	【ダー イン ジー】 打印机
🇰🇷	【プ リント】 프린터

13. ホッチキス

- 🇬🇧 【ステイプラァ】 stapler
- 🇫🇷 【アグラフーズ】 agrafeuse
- 🇪🇸 【グラパドラ】 grapadora
- 🇨🇳 【ディン シュウ ジー】 订书机
- 🇰🇷 【ホチキス】 호치키스

14. セロハンテープ

- 🇬🇧 【セロテイプ】 sellotape
- 🇫🇷 【スコッチ】 scotch
- 🇪🇸 【スィンタ アデスィバ】 cinta adhesiva
- 🇨🇳 【トウ ミーン ジアオ ダイ】 透明胶带
- 🇰🇷 【スカチテイプ】 스카치테이프

15. 写真

- 🇬🇧 【フォウトグラフ】 photograph
- 🇫🇷 【フォトグラフィ】 photographie
- 🇪🇸 【フォト】 foto
- 🇨🇳 【シアン ビエン】 相片
- 🇰🇷 【サジン】 사진

16. 引き出し

- 🇬🇧 【ドゥローァ】 drawer
- 🇫🇷 【ティルワール】 tiroir
- 🇪🇸 【カホン】 cajón
- 🇨🇳 【チョウ ティ】 抽屉
- 🇰🇷 【ソ ラブ】 서랍

17. デスクマット

- 🇬🇧 【デスク マット】 desk mat
- 🇫🇷 【スー マン】 sous-main
- 🇪🇸 【エステラ デ エスクリトリヨ】 estera de escritorio
- 🇨🇳 【ジュオ ディエン】 桌垫
- 🇰🇷 【チェク サン メトゥ】 책상 매트

18. 電気スタンド

- 🇬🇧 【デスク ランプ】 desk lamp
- 🇫🇷 【ランプ ドゥ ビュロー】 lampe de bureau
- 🇪🇸 【ランパラ デ エスクリトリヨ】 lámpara de escritorio
- 🇨🇳 【タイ ドン】 台灯
- 🇰🇷 【チョン ギ ステンドゥ】 전기스탠드

19. バインダー

- 🇬🇧 【バインダァ】 binder
- 🇫🇷 【クラスール】 classeur
- 🇪🇸 【カルペタ】 carpeta
- 🇨🇳 【フオ イエ ジア】 活页夹
- 🇰🇷 【バインド】 바인더

20. 予定表

- 🇬🇧 【スケジュール】 schedule
- 🇫🇷 【プラニング】 planning
- 🇪🇸 【オラリオ】 horario
- 🇨🇳 【ジー フワ ビヤオ】 计划表
- 🇰🇷 【イェ ジョン ピョ】 예정표

21. 電話機

- 🇬🇧 【テレフォウン】 telephone
- 🇫🇷 【テレフォヌ】 téléphone
- 🇪🇸 【テレフォノ】 teléfono
- 🇨🇳 【ディエン ホワ ジー】 电话机
- 🇰🇷 【チョン ファ ギ】 전화기

22. 校長先生

- 🇬🇧 【プリンスィパル】 principal
- 🇫🇷 【ディレクトゥール / ディレクトゥリス】 directeur(男性) / directrice(女性)
- 🇪🇸 【ディレクトル / ディレクトラ】 director(男性) / directora(女性)
- 🇨🇳 【シャオ ジャン】 校长
- 🇰🇷 【キョジャン ソン セン ニム】 교장 선생님

23. トロフィー

- 🇬🇧 【トゥロウフィ】 trophy
- 🇫🇷 【トロフェ】 trophée
- 🇪🇸 【トゥロフェオ】 trofeo
- 🇨🇳 【ジアン ベイ】 奖杯
- 🇰🇷 【トゥロ ビ】 트로피

24. 賞状

- 🇬🇧 【サーティフィケト オヴ メリト】 certificate of merit
- 🇫🇷 【セルティフィカ ドゥ メリート】 certificat de mérite
- 🇪🇸 【セルティフィカド デ メリト】 certificado de mérito
- 🇨🇳 【ジアン ジュワン】 奖状
- 🇰🇷 【サン チャン】 상장

●監修
　英語　SAMUEL ZHANG
　フランス語　IIDA TOMONO
　スペイン語　森野カロリナ
　中国語　許銀珠・SAMUEL ZHANG
　韓国語　許銀珠

●構成
　こどもの語学編集室
　グループ・コロンブス

●翻訳
　有限会社ルーベック

●イラスト
　森永みぐ

●装丁・デザイン
　千野　愛

5か国語でおもてなし
【学校編】

発行者　内田克幸
編　集　池田菜採　吉田明彦
発行所　株式会社理論社
　　　　〒101-0062　東京都千代田区神田駿河台2-5
　　　　電話　営業 03-6264-8890　編集 03-6264-8891
　　　　URL　https://www.rironsha.com

2020年3月初版
2020年3月第1刷発行

印刷・製本　図書印刷株式会社　[上製加工本]

©2020 Rironsha　　Printed in Japan
ISBN 978-4-652-20361-3　NDC800 A4変型　30cm 39p

この本では、英語についてはアメリカ英語を含むインターナショナル英語で表記されています。また、スペイン語については、本国と中南米では違う単語が使われていることがあります。

「家族」や「体の部分」を表すことば

わたし（は）
- 🇬🇧 【アイ】 I
- 🇫🇷 【ジュ】 je
- 🇪🇸 【ヨ】 yo
- 🇨🇳 【ウォ】 我
- 🇰🇷 【ナ / チョ】 나 / 저

父
- 🇬🇧 【ファーザァ】 father
- 🇫🇷 【ペール】 père
- 🇪🇸 【パドゥレ】 padre
- 🇨🇳 【フゥ チン】 父亲
- 🇰🇷 【アボジ】 아버지

母
- 🇬🇧 【マザァ】 mother
- 🇫🇷 【メール】 mère
- 🇪🇸 【マドゥレ】 madre
- 🇨🇳 【ムゥチン】 母亲
- 🇰🇷 【オモニ】 어머니

兄・弟
- 🇬🇧 【ブラザァ】 brother
- 🇫🇷 【フレール】 frère
- 🇪🇸 【エルマノ】 hermano
- 🇨🇳 【グォグォ ディディ】 哥哥（兄）弟弟（弟）
- 🇰🇷 【ヒョン/オッパ(兄)ナムドンセン(弟)】 형/오빠(兄)남동생(弟)

姉・妹
- 🇬🇧 【スィスタァ】 sister
- 🇫🇷 【スール】 sœur
- 🇪🇸 【エルマナ】 hermana
- 🇨🇳 【ジェジェ メイメイ】 姐姐（姉）妹妹（妹）
- 🇰🇷 【ヌナ/オンニ(姉) ヨドンセン(妹)】 누나/언니(姉)여동생(妹)

友達
- 🇬🇧 【フレンド】 friend
- 🇫🇷 【アミ / アミ】 ami(男性) amie(女性)
- 🇪🇸 【アミゴ / アミガ】 amigo(男性) amiga(女性)
- 🇨🇳 【ポン ユウ】 朋友
- 🇰🇷 【チング】 친구

耳
- 🇬🇧 【イア】 ear
- 🇫🇷 【オレーユ】 oreille
- 🇪🇸 【オレハ】 oreja
- 🇨🇳 【オル】 耳
- 🇰🇷 【クィ】 귀

目
- 🇬🇧 【アイ】 eye
- 🇫🇷 【ウーユ】 œil
- 🇪🇸 【オホ】 ojo
- 🇨🇳 【イエン】 眼
- 🇰🇷 【ヌン】 눈

顔
- 🇬🇧 【フェイス】 face
- 🇫🇷 【ヴィザージュ】 visage
- 🇪🇸 【カラ】 cara
- 🇨🇳 【リエン】 脸
- 🇰🇷 【オルグル】 얼굴

手（手首から先）
- 🇬🇧 【ハンド】 hand
- 🇫🇷 【マン】 main
- 🇪🇸 【マノ】 mano
- 🇨🇳 【ショウ】 手
- 🇰🇷 【ソン】 손

頭
- 🇬🇧 【ヘッド】 head
- 🇫🇷 【テートゥ】 tête
- 🇪🇸 【カベッサ】 cabeza
- 🇨🇳 【トウ】 头
- 🇰🇷 【モリ】 머리

足（足首から上）
- 🇬🇧 【レッグ】 leg
- 🇫🇷 【ジャンブ】 jambe
- 🇪🇸 【ピエルナ】 pierna
- 🇨🇳 【トゥイ】 腿
- 🇰🇷 【タリ】 다리

口
- 🇬🇧 【マウス】 mouth
- 🇫🇷 【ブーシュ】 bouche
- 🇪🇸 【ボカ】 boca
- 🇨🇳 【コウ】 口
- 🇰🇷 【イプ】 입

鼻
- 🇬🇧 【ノウズ】 nose
- 🇫🇷 【ネ】 nez
- 🇪🇸 【ナリス】 nariz
- 🇨🇳 【ビィ】 鼻
- 🇰🇷 【コ】 코

肩
- 🇬🇧 【ショウルダァ】 shoulder
- 🇫🇷 【エポール】 épaule
- 🇪🇸 【オンブロ】 hombro
- 🇨🇳 【ジエン】 肩
- 🇰🇷 【オケ】 어깨

歯
- 🇬🇧 【ティース】 teeth
- 🇫🇷 【ダン】 dents
- 🇪🇸 【ディエンテス】 dientes
- 🇨🇳 【ヤー】 牙
- 🇰🇷 【イ】 이

「季節」や「時間」を表すことば

春

イギリス	【スプリング】	spring
フランス	【プランタン】	printemps
スペイン	【プリマベラ】	primavera
中国	【チュン ティエン】	春天
韓国	【ポム】	봄

夏

イギリス	【サマァ】	summer
フランス	【エテ】	été
スペイン	【ヴェラノ】	verano
中国	【シア ティエン】	夏天
韓国	【ヨルム】	여름

秋

イギリス	【オータム / フォール】	autumn / fall
フランス	【オトーヌ】	automne
スペイン	【オトニョ】	otoño
中国	【チウ ティエン】	秋天
韓国	【カ ウル】	가을

冬

イギリス	【ウィンタァ】	winter
フランス	【イヴェール】	hiver
スペイン	【インビエルノ】	invierno
中国	【ドン ティエン】	冬天
韓国	【キョ ウル】	겨울

1月

イギリス	【ジャニュエリィ】	January
フランス	【ジャンヴィエ】	janvier
スペイン	【エネロ】	enero
中国	【イー ユェ】	一月
韓国	【イ ロォル】	일월

2月

イギリス	【フェブルエリィ】	February
フランス	【フェヴリエ】	février
スペイン	【フェブレロ】	febrero
中国	【アー ユェ】	二月
韓国	【イ ウォル】	이월

3月

イギリス	【マーチ】	March
フランス	【マルス】	mars
スペイン	【マルソ】	marzo
中国	【サン ユェ】	三月
韓国	【サ ムォル】	삼월

4月

イギリス	【エイプリル】	April
フランス	【アヴリル】	avril
スペイン	【アブリル】	abril
中国	【スー ユェ】	四月
韓国	【サ ウォル】	사월

5月

イギリス	【メイ】	May
フランス	【メ】	mai
スペイン	【マヨ】	mayo
中国	【ウー ユェ】	五月
韓国	【オ ウォル】	오월

6月

イギリス	【ジューン】	June
フランス	【ジュアン】	juin
スペイン	【フニオ】	junio
中国	【リィゥ ユェ】	六月
韓国	【ユ ウォル】	유월

7月

イギリス	【ジュライ】	July
フランス	【ジュイエ】	juillet
スペイン	【フリオ】	julio
中国	【チー ユェ】	七月
韓国	【チ ロォル】	칠월

8月

イギリス	【オーガスト】	August
フランス	【オート】	août
スペイン	【アゴスト】	agosto
中国	【バー ユェ】	八月
韓国	【パ ロォル】	팔월

9月

イギリス	【セプテンバァ】	September
フランス	【セプタンブル】	septembre
スペイン	【セプティエンブレ】	septiembre
中国	【ジウ ユェ】	九月
韓国	【ク ウォル】	구월

10月

イギリス	【オクトゥバァ】	October
フランス	【オクトーブル】	octobre
スペイン	【オクトゥブレ】	octubre
中国	【シー ユェ】	十月
韓国	【シ ウォル】	시월

11月

イギリス	【ノウヴェンバァ】	November
フランス	【ノーヴァンブル】	novembre
スペイン	【ノビエンブレ】	noviembre
中国	【シー イー ユェ】	十一月
韓国	【シビ ロォル】	십일월

12月

イギリス	【ディセンバァ】	December
フランス	【デッサンブル】	décembre
スペイン	【ディスィエンブレ】	diciembre
中国	【シー アー ユェ】	十二月
韓国	【シビ ウォル】	십이월